Karoline Wolff

Helden und ferne Länder in mittelalterlichen Abenteuerromanen

GRIN Verlag

Bibliografische Information der Deutschen Nationalbibliothek:

Die Deutsche Bibliothek verzeichnet diese Publikation in der Deutschen National-
bibliografie; detaillierte bibliografische Daten sind im Internet über http://dnb.d-
nb.de/ abrufbar.

Impressum:

Copyright © 2009 GRIN Verlag GmbH
Druck und Bindung: Books on Demand GmbH, Norderstedt Germany
ISBN: 978-3-640-39195-0

Dieses Buch bei GRIN:

http://www.grin.com/de/e-book/130477/helden-und-ferne-laender-in-mittelalterli-
chen-abenteuerromanen

GRIN - Your knowledge has value

Der GRIN Verlag publiziert seit 1998 wissenschaftliche Arbeiten von Studenten, Hochschullehrern und anderen Akademikern als eBook und gedrucktes Buch. Die Verlagswebsite www.grin.com ist die ideale Plattform zur Veröffentlichung von Hausarbeiten, Abschlussarbeiten, wissenschaftlichen Aufsätzen, Dissertationen und Fachbüchern.

Besuchen Sie uns im Internet:

http://www.grin.com/

http://www.facebook.com/grincom

http://www.twitter.com/grin_com

Carl von Ossietzky Universität Oldenburg

Fakultät III, Institut für Germanistik

Wintersemester 2008/09

Seminar Niederdeutsche Sprachgeschichte 1. Alt- und Mittelniederdeutsch

Referentin: Karoline Wolff

Helden und ferne Länder

Ausarbeitung zum Referat

Inhalt:

1. Einführung in die spätmittelalterliche, mittelniederdeutsche Literatur.................... 3

2. Die Volksbücher – Entstehung, Inhalt, Wirkung 4

    2.1. Die Entstehung der Volksbücher... 5

    2.2. Inhalte 6

    2.3. Wirkungsgeschichte 7

3. Das Volksbuch „Fortunatus" als Beispiel spätmittelalterlicher Literatur 8

    3.1. Inhalt... 8

    3.2. Interpretationsansätze.. 9

4. Fazit.. 10

Literatur: 12

Quellen: 12

1. Einführung in die spätmittelalterliche, mittelniederdeutsche Literatur

Ursprünglich in mittelniederdeutsch abgefasste literarische Werke waren in jeder Phase des Mittelalters relativ rar gesät, da die deutschsprachige Literatur hauptsächlich von der höfischen Adelskultur Frankreichs inspiriert war und daher die Ursprungsorte deutscher literarischer Texte zumeist im südwestlichen Teil des deutschsprachigen Raums zu finden waren[1]. Zwar entstand im 13. Jahrhundert ein volkssprachlicher Zweig mittelniederdeutscher Literatur, allerdings wurde Mittelniederdeutsch als Schriftsprache bald vom Frühneuhochdeutschen verdrängt[2].

Literatur wurde späterhin auch weiter in Mittelniederdeutsch verfasst; zum Ende des Mittelalters hin handelte es sich aber meist um Tradierungen hochdeutscher Texte in die Volkssprache – es entstanden kaum noch originäre Werke mittelniederdeutscher Sprache. Im Gegenteil: selbst Dichter, deren sprachliche Wurzeln im Mittelniederdeutschen lagen, bemühten sich um eine Anpassung an das literarische Ideal, das zu ihrer Zeit galt, und schrieben ihre Texte weitestmöglich *in einer als höher empfundenen hochdeutschen Sprachform*[3]. Nachdem sich die mittelniederdeutsche Literatur auf Grund der politischen und kulturellen Gegebenheiten überhaupt erst langsamer entwickelt hatte als die hochdeutsche, fand ihre Verbreitung Anfang des 16. Jahrhunderts ein frühes Ende.

Der Buchdruck hätte alle Strömungen deutschsprachiger Literatur fördern können; anhand der vorhandenen Primärquellen wird aber deutlich, dass kaum mittelniederdeutsche Werke in gedruckter Form vorliegen. Offenbar gab es keinen „Markt" für mittelniederdeutsche Literatur.

Ein bestimmtes Genre hingegen wurde durch die Entwicklung des Buchdrucks stark gefördert: die so genannten Volksbücher. Es gab diese nicht nur in verschiedenen hochdeutschen Sprachformen, sondern, hauptsächlich als Übertragungen, auch in niederdeutscher Form. Als literarische Werke unterschiedlicher Gattungen machten die Volksbücher einen großen Teil der spätmittelalterlichen Literatur aus. Im frühen und hohen Mittelalter hatten sich Werke weltlichen Inhalts an fremdsprachigen Vorlagen orientiert; so wurden die Texte höfischer Dichtkunst aus dem Französischen übersetzt, und wissenschaftliche Texte wie Lehrwerke oder Bücher über Heilkunde aus dem Lateinischen. Mit Aufkommen der Volksbücher änderte sich diese Situation; es wurden vermehrt Texte in der Volkssprache verfasst, die nicht mehr ausschließlich religiös motiviert waren. Tatsächlich

---

[1] Vgl. Beckers, S. 9.
[2] Ebd., S. 4.
[3] A. a. O., S. 10.

entstanden im späten Mittelalter die ersten deutschen Romane, somit die ersten ursprünglich deutschen Werke der Unterhaltungsliteratur. Zumeist wurden für solche Texte bereits bekannte Themen und Motive herangezogen, zumal, wenn die verarbeiteten Stoffe historischer Natur waren.[4] In seltenen Fällen aber lässt sich der Inhalt eines spätmittelalterlichen Volksbuchs mit epischem Inhalt nicht auf ein früheres, fremdsprachiges Werk zurückverfolgen.

Im weiteren Verlauf dieser Arbeit soll es um die Volksbücher im gesamten deutschsprachigen Raum gehen – und um das „Fortunatus" -Volksbuch als Beispiel spätmittelalterlicher Prosaerzählung.

2. Die Volksbücher – Entstehung, Inhalt, Wirkung

Der Literaturhistoriker Joseph Görres schrieb in seinem 1807 erschienenen Werk „Die teutschen Volksbücher":

So bilden sie gewissermaßen den stammhaftesten Teil der ganzen Literatur, den Kern ihres eigenthümlichen Lebens, das innerste Fundament ihres ganzen körperlichen Bestandes, während ihr höheres Leben bey den höheren Ständen wohnt.[5]

Dass der *körperliche Bestand* der deutschen Literatur von Görres, dessen Werk der deutschen Romantik zuzuordnen ist, höher geschätzt wird als ihr *höheres Leben*, wird deutlich; bezeichnet er doch die Volksbücher auch als *durch alle Stände durchpulsierend*[6] und räumt diesem literarischen Genre die Fähigkeit ein, das Leben des deutschen Volkes in all seinen Facetten widerzuspiegeln. Diese Auffassung entstand aus der Idealisierung des Mittelalters wie der eines deutschen Volkes im Allgemeinen, das den Werken der Romantik eigen ist, und widerspricht vollkommen der Auffassung, die in der späteren literaturwissenschaftlichen Forschung vertreten wird, wenn es um die *teutschen Volksbücher* geht. Hierzu gibt schon der Titel des Werkes von Hans Joachim Kreutzer, „Der Mythos vom Volksbuch", einen Hinweis. Es wird noch darauf eingegangen werden, inwieweit sich die verschiedenen Ansichten zu den Volksbüchern unterscheiden.

Zunächst sei gesagt, dass es sich bei ihnen um die literarischen Werke handelt – wobei der Literaturbegriff mittelalterlicher Literatur zu Grunde liegt – die als erste in relativ großer Zahl publiziert wurden und somit einem ebenfalls relativ breiten Anteil der Bevölkerung zugänglich waren. Inhaltlich sind Volksbücher in verschiedene Gattungen zu unterteilen; der mittelalterliche Literaturbegriff beinhaltet nicht nur „schöne Literatur", sondern eben auch

---

[4] Vgl. Beckers, S. 52, zur Entwicklung eines niederdeutschen Alexander-Volksbuchs.
[5] Görres, S. 2.
[6] A. a. O.

Gebrauchsliteratur verschiedenster Bereiche, was aus der geringen Anzahl erhaltener Primärquellen resultiert; dementsprechend gehören zum Genre der Volksbücher eben nicht nur Romane und Prosaerzählungen, sondern auch die *schönen Historien-, Wetter- und Arzneybüchlein,* wie es im Titel von Joseph Görres' Abhandlung heißt.[7]

2.1. Die Entstehung der Volksbücher

Hauptsächlich zwei technische Neuerungen machten das Entstehen der Volksbücher möglich: zum einen die Papierherstellung, zum zweiten der Buchdruck. Die erste Papiermühle in Deutschland wurde 1390 in Nürnberg errichtet – und Nürnberg gehörte ebenso wie Augsburg zu den Hauptproduktionsorten für Literatur im späten Mittelalter – der Buchdruck entstand um 1450.[8]

Als während des frühen und hohen Mittelalters sämtliche Texte mit der Hand auf Pergament geschrieben wurden, als Bücher nur in den Bibliotheken der Klöster zu finden waren, war an eine Literatur, ebenso wie an eine lesende Bevölkerung, nicht zu denken. Bücher waren selten und wertvoll, Abschriften von Texten waren ausschließlich dem Adel und dem Klerus vorbehalten. Es konnte Jahre dauern, ein einziges Buch herzustellen.

Mit dem Zusammenwirken der Papierherstellung und des Buchdrucks aber veränderte sich diese Situation. In einem langsamen, aber deutlich fortschreitenden Prozess hielt das geschriebene, bzw. gedruckte Wort Einzug in die Bevölkerung. Dieser Prozess wird oftmals als Entstehung einer neuen Öffentlichkeit beschrieben. Auch bezeichnet er den Beginn einer frühen Säkularisierung. Am Beispiel der Gesetzestexte wird dies deutlich: wurden neue Gesetze in den einzelnen Fürstentümern zuvor mündlich von den Kanzeln der Kirchen verkündet und standen somit nie nur im weltlichen Zusammenhang, sondern immer auch im geistlichen, so entfernte sich die Gesetzgebung von der Kirche, sobald man anfing, Gesetzestexte in gedruckter Form zu publizieren, wie im „Sachsenspiegel".

Natürlich war es nicht so, dass die Lesefähigkeit sofort in allen Schichten der Bevölkerung aufkam; noch zu Beginn der frühen Neuzeit war die deutsche Gesellschaft eine größtenteils analphabetische. Allerdings waren Schrift und Literatur nun nicht mehr nur Attribut des Adels und der Kleriker; auch die bürgerlichen Stände hatten, durch die breitere Publikation schriftlicher Werke die Möglichkeit gewonnen, zu lesen und Literatur zu rezipieren.

Es entstand also ein Markt für Bücher. Der Beruf des Buchdruckers gewann Anerkennung, und da das Urheberrecht noch nicht erfunden war, beruhte der Buchdruck auf den Wünschen

---

[7] A. a. O.
[8] Classen, S. 23.

der jeweiligen Auftraggeber. Die meisten Buchdrucker beschäftigten Künstler, die die jeweiligen Bücher mit Holzschnitten illustrierten, so dass die Volksbücher zum einen auch nicht vollständig alphabetisierten Bevölkerungsschichten – wie dem Bürgertum zu jener Zeit – zugänglich waren (vergleichbar mit den so genannten Einblattdrucken, die im späten Mittelalter eine frühe Form der Zeitung bildeten und aus Text und Illustration im Verhältnis eins zu eins bestanden, um allgemein verständlich zu sein), und zum zweiten durchaus einen künstlerischen Wert besaßen.[9]

Fand der jeweilige Buchdrucker, dass ein bestimmtes Buch sich großer Beliebtheit erfreute, ließ er mehrere hundert Exemplare herstellen, die dann, zumeist von fahrenden Händlern, auf Märkten verkauft wurden.

2.2. Inhalte

Der Gattungsbegriff des Volksbuchs hat sich über die Jahrhunderte hinweg, vor allem aber in der Zeit zwischen deutscher Romantik und Gegenwart gewandelt; dementsprechend existieren verschiedene Anschauungen darüber, welche Inhalte die so genannten Volksbücher ausmachen und welche nicht.

Zum Ende des 19., Anfang des 20. Jahrhunderts wurde von Literaturhistorikern die Auffassung vertreten, dass es sich bei den Volksbüchern des späten Mittelalters und der frühen Neuzeit um alle Werke erzählender, unterhaltender, aber auch moralisch und/oder „fachlich" belehrender Literatur handelte. Die Inhalte dieser Werke waren weitreichend: Bauernkalender, Spruchsammlungen und Rätselbücher konnten Volksbuch sein, ebenso wie Erzähltexte. Medizinische Ratgeber, überhaupt Ratgeberliteratur für alle Lebenslagen wurden dazu gezählt; Volksbücher konnten über Philosophie, Astrologie oder Handwerke referieren. Es gab Volksbücher, die sich mit der Kindererziehung und dem Eheleben beschäftigten, mit Landwirtschaft, Tierzucht, aber auch mit dem Leben der Heiligen und christlichen Legenden, oder sie hatten historische Stoffe zum Inhalt. Der neuere Volksbuchbegriff schränkt das Genre inhaltlich eher ein[10]: als Volksbuch werden nur mehr frühe Prosatexte weltlichen Inhalts bezeichnet,

das Volksbuch wird also nicht länger als Gattung von Büchern, sondern als Gattung von Literatur behandelt. Diese Einschränkung des Begriffs nach dem Inhalt der Volksbücher hat aber zur Folge, dass sie zu einem literarischen Genre der frühen Neuzeit werden, da die Verbreitung weltlicher Erzählliteratur in deutscher Sprache erst im 16. Jahrhundert einen

---

[9] A. a. O.
[10] Kreutzer, S. 23.

Aufschwung erlebte; spätmittelalterliche Werke werden somit außen vor gelassen und müssten, sofern sie nicht zur „schönen Literatur" gehören, in eine weitere Gattung gefasst werden.

Man kann sagen, dass Literatur im Mittelalter nicht nur Belletristik umfasste, sondern eben auch geistliche und pragmatische Werke[11] - bezeichnet man also das Volksbuch als spätmittelalterliches Genre, können alle Bücher, die für eine relativ breite Leserschaft produziert wurden, ob sie nun Wetterprognosen oder historische Stoffe zum Inhalt haben, als „Volksbuch" bezeichnet werden.

2.3. Wirkungsgeschichte

Wie groß die Leserkreise der verschiedenen Arten von Volksbüchern in ihrer Entstehungszeit waren, kann man nur vermuten; Tatsache ist, dass viele Volksbücher über Jahrhunderte hinweg immer wieder neu aufgelegt wurden, was eine verbreitete Rezeption der Werke voraussetzt. Das „Fortunatus"-Volksbuch, auf das späterhin noch eingegangen wird, erlebte allein im 16. Jahrhundert dreißig Neuauflagen, weitere zehn im 17. Jahrhundert, und wurde nach und nach in dreizehn Sprachen übersetzt[12]. Nicht nur „Fortunatus", auch andere Volksbücher inspirierten Schriftsteller späterer Epochen zu angelehnten Werken; die Motive und Stoffe der spätmittelalterlichen Prosa wurden vor allem, aber nicht nur, in der Epoche der Romantik ebenso wieder verwendet wie es im Mittelalter mit den Stoffen der antiken Erzählwelt der Fall war. Aber nicht nur die „schöne" Literatur kann auf eine lange Wirkungsgeschichte zurückblicken; Volksbücher, die nach dem neueren Gattungsbegriff keine mehr sind, wie Bücher über Hausmittel und Heilkunde oder die Bauernkalender, wurden ebenso über Jahrhunderte hinweg erhalten, wieder aufgelegt und neu publiziert; noch 1978 gab z.B. der Fischer Verlag eine Sammlung mittelalterlicher Rezepte für alle Lebenslagen heraus, mit Nachdrucken der ursprünglichen Holzschnitte illustriert.[13]

Die romantische Auffassung, dass sich in den Volksbüchern der Charakter eines ursprünglichen, einfachen deutschen Volkes wieder finden lasse, hat sich zwar nicht halten können, Einblicke in die Lebenswelt ihrer Verfasser bieten sie jedoch allemal; so nimmt es nicht Wunder, dass die Volksbücher von jeher für die Literaturgeschichte und die Literaturproduktion von Interesse gewesen sind.

---

[11] Vgl. Beckers, S. 3, zum Begriff Literatur.
[12] Classen, S. 165.
[13] Friedl, Paul: 461 Haus- und Sympathiemittel. Vom Überlugen, Ansprechen, Gesundbeten und Anwünschen, Frankfurt am Main 1978.

3. Das Volksbuch „Fortunatus" als Beispiel spätmittelalterlicher Literatur

Die Geschichte von Fortunatus bildet in der spätmittelalterlichen Literatur dadurch eine Ausnahme, dass sie, soweit festgestellt werden konnte, ein Erzählwerk deutschen Ursprungs ist. Das heißt, der Roman wurde in deutscher Sprache das erste Mal aufgeschrieben – nicht unbedingt, dass er nicht auf eine mündliche Überlieferung aus einem anderen Teil der Welt zurückgeht. Der Verfasser des „Fortunatus" ist anonym, nur der Auftraggeber des Drucks, der Apotheker Johann Heybler, ist namentlich bekannt. „Fortunatus" wurde 1509 in Augsburg zum ersten Mal in Druck gegeben und erfreute sich fortan großer Popularität. Das Buch wird in der Sekundärliteratur ebenso als spätmittelalterliches wie als frühneuzeitliches Werk behandelt; da es aber, neben Übersetzungen in verschiedene europäische Sprachen, auch eine Übertragung des „Fortunatus" ins Mittelniederdeutsche gegeben hat, das als Schriftsprache in der Epoche der frühen Neuzeit kaum noch eine Rolle spielte, soll es hier als Werk des späten Mittelalters behandelt werden.

3.1. Inhalt

Die Titelfigur und einer der Protagonisten des Buchs, Fortunatus, ist der von Zypern stammende Sohn eines reichen Bürgers. Sein Vater hat, *durch übermäßige Repräsentation und höfischen Lebensstil[14]*, den Familienbesitz verschwendet, so dass Fortunatus im fremden Hofdienst sein Glück suchen – und Geld verdienen – muss. Er reist nach Flandern, wird vom Hofe vertrieben, es zieht ihn nach London und Frankreich. Als er sich dort im Wald verirrt, begegnet ihm die Jungfrau des Glücks, er hat einen Wunsch frei und entscheidet sich für Reichtum; ihm wird ein „Seckel" überreicht, dem es nie an Geld gebricht. Als Dank muss Fortunatus, jedes Jahr dieses Glückstags gedenken, an diesen Jahrestagen keinen ehelichen (und erst recht keinen außerehelichen) Verkehr vollziehen und jeweils eine arme Jungfrau für die Hochzeit ausstatten. An dieses Gelübde hält Fortunatus sich sein Leben lang.

Seine Reisen führen ihn fortan durch ganz Europa. Fortunatus gelingt es, eine Fürstentochter zu ehelichen, die ihm zwei Söhne schenkt, Ampedo und Andolosia. Nach einem Dutzend Ehejahren zieht es Fortunatus wieder hinaus in die weite Welt; diesmal bis in den fernen Osten und dorthin, wo der Pfeffer wächst. Bei seiner Rückkehr, als er beim Sultan zu Gast ist, stiehlt er diesem ein Wünschhütlein, mit dessen Hilfe er sich an jeden beliebigen Ort der Welt zaubern kann. Er nutzt es für eine Rückkehr in die zypriotische Heimat, wo er alt wird und stirbt, jedoch nicht ohne seinen Söhnen die Gelübde der Jungfrau des Glücks

---

[14] Zitat und Inhaltsangabe s. Kästner, S. 30ff.

aufzuerlegen und sie anzuhalten, Seckel und Hütlein immer beieinander zu lassen. Natürlich werden beide Anordnungen missachtet; Andolosia reist mit dem Geldseckel durch Europa, verliebt sich in eine Königstochter, die ihm das Wunderding abnimmt, kehrt zurück und holt sich auch das Wünschhütlein von seinem Bruder. Da er unvernünftig ist und maßlos, gelingt es der Königstochter, ihm auch das zweite Kleinod wegzunehmen, und Andolosia muss viel Gerissenheit aufbringen, um seine Schätze wieder an sich zu bringen. Zurück in Zypern vermählt er seine Angebetete mit dem zypriotischen Königssohn; er hat durch seine Reichtümer allerdings so viele Neider, dass ihn auch diese edle Geste nicht davor bewahrt, einen gewaltsamen Tod zu finden. Sein Bruder Ampedo stirbt vor Gram, nachdem er aus Angst vor den Mördern seines Bruders das Wünschhütlein vernichtet hat. Das Geldseckel, das durch den Mord an Andolosia in den Besitz zweier Grafen gelangt ist, verliert nach dem Tod beider Brüder seine Macht; die Grafen geraten darüber in Streit und bringen sich gegenseitig um.

3.2. Interpretationsansätze

Als Werk spätmittelalterlicher Literatur hatte „Fortunatus", ebenso wie andere Prosa- und Verswerke seiner Zeit zwei Funktionen zu erfüllen: zu unterhalten und zu belehren. Diesem Ideal folgten alle bekannten Autoren des Mittelalters, ebenso wie der unbekannte Verfasser des „Fortunatus". Das Buch kann belehrend gelesen werden; betrachtet man die dargestellte ständische Gesellschaft, das Unglück, das Fortunatus und seinen Söhnen widerfährt, weil sie sich außerhalb ihres Standes bewegen wollen, weist dies auf die Popularisierung einer bestimmten ständischen Moral hin. Unterhaltend ist „Fortunatus", wenn es um die Beschreibung seiner und seines Sohnes Reisen geht, oder der Schelmenstücke Andolosias, wenn er sich wieder einmal um seine Kleinode gebracht hat und versucht, sie zurück zu bekommen. Die Belehrung verbindet sich im „Fortunatus" mit der Unterhaltung; märchenhafte Elemente werden mit durchaus realistischen vermengt. Die Darstellung der Figuren im „Fortunatus" ist ebenfalls realistisch, zumindest in Bezug auf ihre Eigenschaften. Keiner der Charaktere wird sonderlich idealisiert; zwar zeigen Fortunatus und Andolosia besondere Fähigkeiten, aber sie werden von alltäglichen Sorgen und Nöten geplagt. Auf der unterhaltenden Ebene ist „Fortunatus" ein abenteuerlicher Roman, der sich durch seine lebensnahen Helden auszeichnet. Ihre Reisen in ferne Länder und die Abenteuer, die sie erleben, Schilderungen von Schelmenstücken, Flügen, seltsamen Begegnungen, Liebesgeschichten, Kämpfen, Siegen und Niederlagen, sind abwechslungsreich und stellenweise fast ironisch dargestellt, so dass es nachvollziehbar wird, warum das Buch einen solchen Erfolg verzeichnen konnte.

Die belehrende Ebene ist vielleicht noch vielschichtiger. In den ersten Ausgaben des Buches gab es am Ende einen Epilog:

Bey dieser hystoria ist zu vermercken/hette der jung Fortunatus im walde betrachtlichen weißhait/für den seckel der reichtüb/von der junckfrawen des gelücks erwölt unnd begeret,[15] dann wären ihm Reichtum und alle anderen wünschenswerten Güter eben durch diese Weisheit zugefallen, und niemand hätte sie ihm wieder wegnehmen können. Die Weisheit wird hier als des Menschen höchste Tugend dargestellt. Der Reichtum wird nicht verdammt, aber das Streben nach Reichtum wird dem nach Weisheit gegenübergestellt und schneidet im Vergleich schlecht ab.[16] Fortunatus wird im Epilog explizit dem alttestamentarischen König Salomo gegenübergestellt: hätte er sich wie dieser, der Gott um kein anderes Gut als Weisheit bat, verhalten, dann hätte seine Geschichte gewiss ein besseres Ende genommen. Man erkennt also in der Moral von dieser Geschicht' eindeutig christlich-biblische Deutungsmuster.[17]

Ein weiteres wichtiges Element bei der Interpretation des „Fortunatus" ist das der sozialen Identität, wie bei Hans-Jürgen Bachorski beschrieben.[18] Die Protagonisten des Romans sind bürgerlich, bewegen sich aber in adligen Kreisen. Dies jedoch, ohne dem höchsten Stand je anzugehören. Es wird nicht explizit Kritik an der Ständegesellschaft geäußert, die Verhaltensmuster verschiedener Adliger wie der Königstochter Agrippina, die Andolosia um seine Schätze bringt und der beiden Grafen, die ihn schließlich ermorden, können aber als implizite Kritik gelesen werden. Ebenso implizit ist die Kritik am Streben nach dem gesellschaftlichen Aufstieg; der Umgang mit den höchsten Kreisen endet zumindest für Fortunatus' Söhne in der Katastrophe. Die soziale Identität ist im „Fortunatus" ständig mit dem Besitz und Verlust von Geld verbunden; das Wechselspiel zwischen dem Element des Reichtums und dem der sozialen Identität mag als Spiegel der bürgerlichen, spätmittelalterlichen Gesellschaft angesehen werden.

4. Fazit

Auch wenn „Fortunatus" in der Forschungsliteratur oftmals als Roman der frühen Neuzeit bezeichnet wird, entspringt er inhaltlich doch den Lebensbedingungen eines späten

---

[15] Fortunatus. Von Fortunato und seynem Seckel auch Wünschhütlein, Nachdr. d. Ausg. Augsburg 1509, Hildesheim 1974.
[16] Vgl. Kästner, S. 35.
[17] Kästner, S. 40f.
[18] Siehe dazu Bachorski, S. 10f.

Mittelalters, in dem eine bürgerliche Bevölkerungsschicht gerade anfing, sich zu emanzipieren. Zeitlich steht diese Geschichte sozusagen an der Grenze zwischen Mittelalter und Neuzeit; von der neuzeitlichen Entzauberung der Welt ist in ihr noch nichts zu spüren. In Bezug auf die deutsche Literatur bildet „Fortunatus" vielleicht einen Grenzstein, betrachtet man das Buch als letzten weit verbreiteten Prosaroman des Mittelalters. Auf Grund seiner schnellen Popularität, die über Jahrhunderte hinweg erhalten geblieben ist, stellt dieses Volksbuch vielleicht den ersten deutschen Roman dar, der auch aus heutiger literaturwissenschaftlicher Sicht so genannt werden kann; die verschiedenen Ansätze zur Deutung seiner Handlung sprechen ebenso dafür wie die Unterhaltsamkeit der Erzählweise.

Literatur:

Bachorski, Hans-Jürgen: Geld und soziale Identität im „Fortunatus". Studien zur literarischen Bewältigung frühbürgerlicher Widersprüche, Göppingen 1983.

Beckers, Hartmut: Mittelniederdeutsche Literatur. Versuch einer Bestandsaufnahme, in: Niederdeutsches Wort 17, 18, 19, Münster 1977, 1978, 1979.

Classen, Albrecht: The German Volksbuch. A critical history of a late medieval genre, Lewiston, NY u.a. 1995.

Kästner, Hannes: Fortunatus – peregrinator mundi. Welterfahrung und Selbsterkenntnis im ersten deutschen Prosaroman der Neuzeit, Freiburg 1990.

Kreutzer, Hans Joachim: Der Mythos vom Volksbuch. Studien zur Wirkungsgeschichte des frühen deutschen Romans seit der Romantik, Stuttgart 1977.

Quellen:

Boeckh, Joachim G., u.a.: Geschichte der deutschen Literatur von 1480 bis 1600, in: Geschichte der deutschen Literatur von den Anfängen bis zur Gegenwart, Bd. 4, Berlin 1961.

Fortunatus. Von Fortunato und seynem Seckel auch Wünschhütlein, Nachdr. d. Ausg. Augsburg 1509, Hildesheim 1974.

Friedl, Paul: 461 Haus- und Sympathiemittel. Vom Überlugen, Ansprechen, Gesundbeten und Anwünschen, Frankfurt am Main 1978.

Görres, Joseph: Die teutschen Volksbücher, Nachdr. d. Ausg. Heidelberg 1807, Hildesheim 1982.